940.

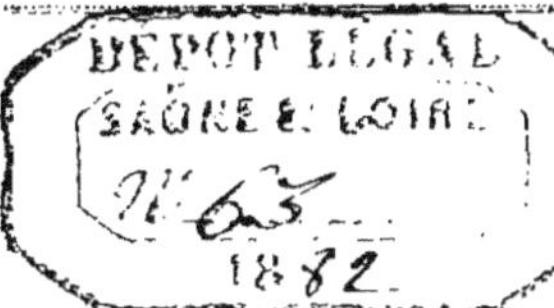


# LE
# III<sup>e</sup> CENTENAIRE

DE

## SAINTE THÉRÈSE

### A CHALON-SUR-SAONE

**Par M. l'Abbé E. MUGNIER**

« Appliquons-nous, enfants de sainte Thérèse,
par un zèle plus ardent, une piété particulière
et des cérémonies plus solennelles, à rendre,
cette année, à notre Séraphique Mère, l'honneur
que nous lui devons. »

( *Lettre du Supérieur général des Carmes.*
28 Mars 1882.

CHALON-SUR-SAONE

IMPRIMERIE ET LITHOGRAPHIE DE L. MARCEAU, SUC. DE J. DEJUSSIEU

1882

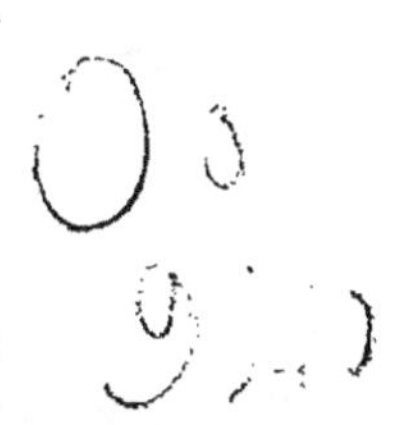

# LE
# III<sup>e</sup> CENTENAIRE

DE

## SAINTE THÉRÈSE

### A CHALON-SUR-SAONE

**Par M. l'Abbé E. MUGNIER**

> « Appliquons-nous, enfants de sainte Thérèse,
> par un zèle plus ardent, une piété particulière
> et des cérémonies plus solennelles, à rendre,
> cette année, à notre Séraphique Mère, l'honneur
> que nous lui devons. »
>
> ( *Lettre du Supérieur général des Carmes.*)
> 28 Mars 1882.

CHALON-SUR-SAONE

IMPRIMERIE ET LITHOGRAPHIE DE L. MARCEAU, SUC. DE J. DEJUSSIEU

—

1882

A LA

MÉMOIRE VÉNÉRÉE

DE

# M. ÉLIE GARDETTE

CURÉ DE SAINT-VINCENT

De 1860 à 1878

S. Teresia    S.te Thérèse.

# AVANT-PROPOS

—

Ce n'est pas d'hier que la population de Chalon s'intéresse aux Filles de sainte Thérèse.

Au mois d'octobre 1609, cinq ans seulement après le rétablissement en France de l'Ordre réformé des Carmes, Madame de Pontoux, une de ces nobles et généreuses bienfaitrices, comme l'histoire de Chalon en compte un si grand nombre, était autorisée à fonder un monastère de Carmélites au faubourg Sainte-Marie. Le 27 décembre de la même année, les échevins dressaient l'acte officiel de cette autorisation et des privilèges accordés aux nouvelles Religieuses.

« Et comme ces bonnes filles, dit l'Illustre
« Orbandale, furent obligées de loger dans les
« bastiments avant que la closture fust achevée, elles

« eurent crainte de recevoir quelques insultes pendant
« la nuict ; les habitants du fauxbourg dans lequel
« elles se plaçaient eurent assez de bonté pour les
« sortir de cette appréhension, en les asseurant que,
« pendant la nuict, ils placeraient des hommes aux
« portes de leur maison, pendant tout le temps
« qu'on travaillerait à les fermer, ce qu'ils firent
« avec générosité et affection. Et voilà ce qui est
« arrivé de plus considérable dans un établissement
« qui fait voir tous les jours autant de miracles de
« saincteté et autant d'illustres trophées érigez à la
« vertu qu'il y a de religieuses dans cette saincte
« communauté. Et certainement ce sainct ordre est
« dans l'Église comme un parterre émaillé de mille
« belles fleurs qui prennent naissance parmi les
« picquantes austéritez d'une vie pénitente. »

Les bonnes dispositions dont témoigne naïvement
cette citation se retrouvent plusieurs fois dans le
siècle suivant. En 1726, la municipalité d'alors vote
aux Carmélites 50 livres pour les fêtes de la béati-
fication de saint Jean de la Croix, et, en 1728,
la même somme pour les fêtes de sa canonisation.
En 1750, la ville leur vient encore en aide pour la
réparation de leur mur de clôture.

Les temps sont changés..... La ville fait ses affaires.
Les Carmélites subviennent seules, et comme elles
peuvent, aux dépenses causées par les fêtes de leurs
Saints. Elles ne songent pas à s'en plaindre.

Après la grande Révolution, Mesdames Léchenaut

et de Villeneuve leur continuèrent les secours maté-
riels qu'elles ne recevaient plus d'ailleurs, et les
aidèrent à s'installer de nouveau à Chalon. Des modi-
fications bien graves et bien profondes se sont opérées
depuis dans nos mœurs, notre administration, nos
modes, nos idées surtout. Immobiles et regardant
le ciel, au milieu de tous ces changements de la terre,
les Filles de sainte Thérèse demeurent exactement
ce qu'elles étaient il y a 271 ans. Leur vie n'est
nullement un mystère. Celui qui ne connaît pas leur
costume n'a qu'à regarder une image de sainte
Thérèse. Rien n'a été changé, ni la forme, ni la
couleur de la bure, ni l'agrafe de corde et de bois
qui retient leur pauvre manteau et qui, pour plusieurs,
a remplacé les agrafes d'or ou d'argent ciselé. Aujour-
d'hui, comme alors, elles jeûnent souvent, font maigre
habituellement, prient pour nous la nuit et à toutes
les heures du jour. C'est pourquoi aussi, sans doute,
aujourd'hui, comme aux siècles plus tranquilles qui
ont précédé le nôtre, la bienveillance et la recon-
naissance de la meilleure partie de la population
leur restent acquises.

A l'occasion du troisième Centenaire de la mort de
leur bienheureuse Mère, elles nous ont invités à
prier avec elles et à nous édifier dans leur sanctuaire.
L'empressement avec lequel les fidèles chalonnais, bra-
vant une température obstinément humide, ont répondu
à leur appel, nous a déterminé à fixer le souvenir de
ces fêtes et à reproduire, en les complétant, les notes

un peu hâtives que la *Semaine religieuse* avait bien voulu accepter et qui ont paru dans un de ses derniers numéros.

Nous offrons ces pages aux lecteurs chalonnais principalement.

Quant à la dédicace qui les précède et que je me suis permis d'adresser à un cher et vénéré défunt, elle sera comprise et aimée, je l'espère, par tous ceux qui ont connu M. Gardette et qui savent quels liens l'attachaient au Carmel.

E. MUGNIER,

Curé.

Ouroux-sur-Saône, le 2 Novembre 1882.

# I

« Sur le rapport qui nous a été fait que dans toutes les
« Églises de l'Ordre de la B. Vierge Marie du Mont-Carmel
« des fêtes centenaires allaient être célébrées, au mois
« d'octobre de cette année, pour honorer la mémoire du
« jour très heureux où sainte Thérèse de Jésus, délivrée
« des liens corporels, s'est envolée vers les cieux ; nous,
« pour augmenter la religion des Fidèles et pour le salut
« des âmes, regardant avec une pieuse charité aux trésors
« célestes de l'Église, accordons miséricordieusement,
« dans le Seigneur, l'Indulgence Plénière et la rémission
« de tous leurs péchés à tous les Fidèles de l'un et l'autre
« sexe qui, s'étant confessés et ayant communié, auront
« visité, le 15 du même mois, à partir des premières Vêpres
« de ce jour jusqu'au coucher du soleil, n'importe quelle
« Église du susdit Ordre, pourvu qu'ils aient assisté, au
« moins cinq fois, à la neuvaine de supplications qui
« précédera la solennité indiquée, et qu'ils aient prié
« pieusement pour la concorde des Princes chrétiens,
« l'extirpation des hérésies, la conversion des pécheurs
« et l'exaltation de notre sainte Mère l'Église. Quant aux
« Fidèles qui, au moins contrits de cœur, auront assisté
« dévotement chaque jour, dans les dites Églises, aux
« prières de la neuvaine, nous leur accordons une indul-
« gence de sept ans et sept quarantaines, pour les péni-

« tences qui leur ont été imposées, ou qu'ils doivent faire,
« à quel titre que ce soit. »

Ainsi s'exprime Léon XIII dans son bref du 7 février 1882.
Ces indulgences sont applicables aux âmes du Purgatoire.


## II


Encouragée par la plus auguste des autorités, favorisée
d'aussi précieuses indulgences, attendue par les âmes
pieuses avec une religieuse avidité, annoncée par la presse
et par des affiches apposées aux portes de toutes les
églises et chapelles de la ville, la fête du troisième Centenaire de la mort de sainte Thérèse ne pouvait manquer
d'attirer un grand concours de fidèles.

En prévision de cette affluence qui, du reste, ne fait
jamais défaut aux fêtes du Carmel, des tentures tapissées
intérieurement de lierre naturel fleuri de roses avaient
été disposées dans la cour du couvent. Elles se déployaient
sur des boiseries ornées de motifs d'architecture et for-
maient ainsi une véritable chapelle, se reliant à la chapelle
proprement dite par d'heureuses décorations.

A l'intérieur, deux magnifiques candélabres, étincelants
de feux et de pierreries, étaient placés, de chaque côté,
sur les degrés du sanctuaire. Les lumières prodiguées aux
autels de la sainte Vierge et de saint Joseph, et plus
encore au maître-autel, faisaient ressortir les reliquaires,
les riches peintures et les marbres dorés.

A droite et à gauche de l'entrée de la chapelle princi-
pale, les statues de sainte Thérèse et de saint Jean de la
Croix. L'ornementation des socles était faite par les armes
du Carmel et des encadrements habilement dessinés.

Sur le tympan de la chapelle improvisée, le monogramme du Christ entouré d'une gloire et surmonté de la croix. Sur les pilastres de la façade, les armes du Souverain-Pontife et de Monseigneur l'Evêque d'Autun, puis des oriflammes aux couleurs de la virginité, de l'Église et du Sacré-Cœur et au chiffre de sainte Thérèse, des cartouches héraldiques redisant ses œuvres et ses vertus : MODÈLE DE SAINTETÉ, PUISSANTE PROTECTRICE, ZÉLATRICE DES AMES, MAÎTRESSE DE LA VIE SPIRITUELLE, VIERGE SÉRAPHIQUE, TOUTE DÉVOUÉE A L'ÉGLISE, GLOIRE DU CARMEL, ZÉLÉE RÉFORMATRICE, DOCTEUR MYSTIQUE, FOYER DE CHARITÉ. La lecture de tous ces titres, écrits en lettres d'or sur les différentes couleurs usitées dans le blason, était déjà comme une préparation aux sermons que l'on venait écouter.

Trois longs cordons de guirlandes tressées, nous a-t-on dit, par les élèves du petit séminaire de Rimont, prenaient à la porte d'entrée du monastère et, courant le long des massifs d'arbustes, conduisaient le visiteur, par une gracieuse avenue, jusqu'au vestibule de la chapelle. En avançant entre ces haies de fleurs et de verdure, nos souvenirs de pèlerin nous reportaient sans effort vers le vrai Carmel, cette montagne toujours verdoyante et fleurie qui domine la mer, entre Tyr et Jérusalem, et dont la splendeur a mérité d'être classée par l'Esprit-Saint au rang des beautés les plus remarquables de la création, *decor Carmeli et Saron.*


## III


La neuvaine de prières préparatoires se terminant, tous les soirs, par la bénédiction du Très-Saint-Sacrement, avait été commencée le 6 octobre. Les Jeunes-Économes et les Orphelines des Sœurs de Saint-Vincent de Paul dirigées par M. Heckmann, le très sympathique et très méritant organiste de Saint-Vincent, ont fait entendre, aux Saluts, leurs plus belles voix et leurs meilleurs morceaux de chant.

M. Heckmann n'accepte des modernes que les compositions sérieuses et de grande allure ; il rejette, avec un courage impitoyable, tout ce qui n'exhale pas le parfum classique. Grâce à cette sévérité, on peut être assuré, quand on le voit se mettre à son orgue, de n'entendre que des morceaux d'un goût irréprochable.

On a beaucoup remarqué le *Quam dilecta* de Giély et son duo d'*O salutaris*, plusieurs cantiques d'Hermann et de Lambillote, l'antienne *Sancta mater Teresia* écrite sur un motif du XV<sup>e</sup> siècle, divers *Tantum ergo* des grands maîtres, de Haydn, Mendelssohn, Gluck, etc. Si quelque amateur de musique sacrée était embarrassé pour trouver un *Tantum ergo*, nous lui conseillons, en passant, de s'adresser au répertoire des Jeunes-Économes et des Orphelines. Il nous souvient d'un certain mois de Marie, à la cathédrale de Saint-Vincent, pendant lequel elles nous en ont chanté trente-et-un. Elles avaient promis de ne pas se répéter une seule fois, et elles ont tenu parole.

De tous les cantiques qui, pendant la neuvaine, ont été dits en l'honneur de sainte Thérèse, celui dont les paroles ont produit le plus d'effet est incontestablement le chant d'amour traduit de l'espagnol en vers français et composé dans sa langue originale par la sainte elle-même.

Le voici en entier :

Dieu de paix et d'amour, lumière de lumière,
Verbe dont les splendeurs éblouissent les cieux,
Je t'adore, caché sous l'ombre du mystère
  Qui te voile à mes yeux.        (*Bis.*)

### REFRAIN.

Oh! qui me donnera des paroles ardentes,
Des paroles du ciel, une langue de feu,
Une angélique voix et des lèvres brûlantes,
    Pour te bénir, mon Dieu!      ( *Bis.* )

Ton sang de Rédempteur a coulé dans mes veines,
Tes anges et tes saints ont envié mon sort,
Et tu m'unis à toi par d'amoureuses chaînes,
    Plus fortes que la mort.      ( *Bis.* )

Oh! depuis que mon âme à ton âme est unie,
Je ne suis plus qu'amour, espérance et désirs,
Ton cœur est tout mon cœur et ta vie est ma vie,
    Tes soupirs mes soupirs.      ( *Bis.* )

Maintenant, ô Seigneur, les choses de la terre
Sont vaines à mes yeux comme une ombre qui fuit,
C'est un vaste désert que tristement éclaire
    Le flambeau de la nuit.      ( *Bis.* )

Que ne puis-je habiter toujours en ta présence
Comme le Séraphin qui te contemple au ciel,
Comme la lampe d'or qui la nuit se balance
    Devant ton saint autel.      ( *Bis.* )

Enlève-moi, mon Dieu, de la terre où l'on pleure,
Montre-moi ta beauté, cache-moi dans ton sein,
Les siècles pour t'aimer, les siècles sont une heure,
    Mais une heure sans fin!      ( *Bis.* )

Refrain et couplets, tout a été chanté avec l'entrain et
le sentiment que donne la vraie piété.

## IV

A partir du samedi, veille de la clôture de la neuvaine, il y a eu sermon, pendant sept jours, par deux Pères dominicains, le R. P. Cannot et le R. P. Jouin, prieur de la maison de Paris.

Le premier jour, le R. P. Cannot a indiqué la fidélité de sainte Thérèse à ses vœux comme le grand moyen par lequel elle est arrivée à la sainteté.

Le lendemain 15, jour de la fête de la sainte, il a prononcé son panégyrique en exposant les phases principales et les faits les plus saillants de sa vie.

Le troisième et le quatrième jour, il a montré, dans son ardente charité, le principe générateur de son dévouement et de son amour pour la souffrance.

L'auditoire, attentif à la parole claire et instructive du jeune prédicateur, s'est particulièrement intéressé aux rapprochements historiques qu'il a établis entre les grandes familles religieuses de saint Ignace, saint Dominique, saint François et sainte Thérèse.

On aurait pu craindre que la prolongation des fêtes ne finît par fatiguer et épuiser la ferveur des fidèles. Bénédictions, prédications, offices solennels, et tout cela durant quinze jours pleins, au sein d'une population affairée comme celle de Chalon, pendant qu'à deux pas de là, dans une autre enceinte, devant le Christ qui reste encore dans nos prétoires, les débats du drame sacrilège de Montceau-les-Mines attiraient et passionnaient le public, n'était-ce pas beaucoup? oui, c'était beaucoup, mais ce n'était pas trop; les nombreuses âmes dévouées au Carmel l'ont abondamment prouvé. Un jour, le 15, la foule a même été si grande, non seulement dans la chapelle, mais aussi dans la cour du couvent, que bon nombre de personnes, ne pouvant trouver place, malgré les précautions qui avaient été prises, ont dû s'en aller, sans avoir pu entendre la parole de Dieu.

V

L'intérêt des fêtes, industrieusement ménagé dès le commencement, s'est encore accru pendant le *Triduum* de la fin. Fête des yeux éblouis par les lumières et les reflets d'or ! Fête de l'ouïe charmée par la musique des plus grands maîtres ! Fête de l'esprit et du cœur s'abreuvant aux sources de l'éloquence sacrée ! Rien n'a manqué.

Les messes basses se succédaient, le matin, depuis 6 heures jusqu'à 9 heures. La grand'messe, célébrée avec la même pompe que dans nos cathédrales, a été dite pendant les jours du *Triduum* par MM. les Curés des trois paroisses de la ville : le premier jour, par M. le Curé de Saint-Cosme, le second, par M. le Curé de Saint-Pierre, le troisième, par M. le Curé de Saint-Vincent. Le diacre et le sous-diacre ont revêtu les mêmes dalmatiques qui avaient servi lors du dernier Centenaire. Nous ne pouvons pas affirmer qu'elles n'ont rien perdu de leur fraîcheur, nous n'étions pas là, il y a cent ans ; mais ce que célébrants et assistants ont pu constater, c'est qu'il est rare de trouver ornements mieux conservés. Les Carmélites possèdent un secret pour avoir toujours des linges sacrés et un mobilier de chapelle dignes du culte divin. Ce secret (qu'elles nous permettent de le livrer) consiste tout simplement en une exquise propreté.

Les cérémonies ont été faites, matin et soir, par les enfants des bons Frères de la doctrine chrétienne, toujours prêts à seconder ce qui se rapporte à la gloire de Dieu et à l'honneur de ses saints. Les élèves de leur pensionnat ont chanté deux messes, celles du mercredi et du vendredi. Les solos de basse ont été très goûtés. Le chœur était conduit par le frère Paulin, l'organisateur de soirées artistiques justement appréciées.

Le jeudi 19, la maîtrise de Saint-Pierre nous a donné une messe entière, *Credo* compris, de Gounod, notre illustre et religieux compositeur. C'est une œuvre de grand mérite et de grand effet. Elle veut un essai d'analyse.

# VI

Le début du *Kyrie* est chanté à l'unisson par toutes les voix d'enfants. C'est l'accent de la prière humble, timide tout d'abord. Au *Christe* les voix d'hommes arrivent, les supplications se succèdent, se croisent, se mêlent ; l'expression de la demande est plus pressante, elle s'enhardit jusqu'à ce qu'elle redevienne à la fin douce et sereine, comme si elle se sentait déjà exaucée.

Le *Gloria* commence par un solo de soprano accompagné seulement par un bourdonnement du chœur. C'est bien le *Gloria in excelsis* de la nuit de Noël chanté, en haut, par les anges et dominant la houle confuse du peuple qui se presse dans les rues de Bethléhem. Le *Laudamus te* est comme la réponse de la terre au ciel. Le cantique de louanges se continue dans un riche *allegro* où l'enthousiasme domine. Ce mouvement n'est interrompu que par le chant plus grave du *Miserere nobis* et du *Suscipe.....* La fin paraît un peu brusque. Gounod a voulu éviter ces longues fugues avec leurs interminables *Amen* que l'on retrouve dans la plupart des *Gloria*; il termine par un rapide chant de triomphe exécuté sur le *Cum sancto spiritu* et dont l'effet est merveilleux.

Le *Credo* est un genre nouveau. Les quatre parties, chantées à l'unisson jusqu'à l'*Homo factus est*, avec accompagnement marqué, presque saccadé, surprennent d'abord; mais bientôt on devine l'âme assurée de sa foi et la confessant fermement. L'unisson s'arrête à *Et homo factus est*, pour exprimer, avec toutes les ressources de la partition, la surprise, le recueillement, l'adoration. Au *Passus* et au *Crucifixus*, c'est l'humanité qui sanglotte et agonise avec l'Homme-Dieu. Elle retrouve sa joie et sa foi délirantes dans le *Resurrexit*. L'*Expecto resurrectionem mortuorum*, où les dissonances n'ont pas été ménagées, représente le chaos du jugement dernier. On dirait que Gounod s'est inspiré du fameux tableau de Michel-Ange. Mais les grands génies ne s'imitent guère et se copient encore moins. Celui-ci, avec son pinceau et sur une fresque, celui-là, avec ses notes mélodieuses et sur les cordes de son instrument, partent du même vol, de Rome ou de Paris, du XVI<sup>e</sup> siècle ou du XIX<sup>e</sup>, et se rencontrent sur les sommets immuables du Vrai.

« A mon avis, nous écrivait un connaisseur, quelques
« jours après la fête, le *Sanctus* est la maîtresse pièce de
« la messe, le *palmare argumentum*, comme diraient les
« théologiens (et il y a de la théologie dans cette messe
« dont la musique est toujours en harmonie d'idées avec
« les paroles). Les solos de ténor et le motif des solos
« repris par le chœur ravissent au-delà de toute expres-
« sion. On se croirait aux portes de Jérusalem, à l'arrivée
« de Notre-Seigneur acclamé par le peuple : *Hosanna, filio*
« *David*. Le *Benedictus* est d'une nature tout opposée.
« Quelle douceur, quelle joie candide et naïve dans le solo

« de soprano, et quel frappant contraste avec la force du
« motif précédent ! »

Dans l'*Agnus*, la phrase est plaintive, gracieuse et douce
comme l'agneau sans tache qu'elle célèbre et invoque.
Quelques appréciateurs le préfèrent au *Sanctus*. Ils décla-
rent inimitables les motifs déprécatoires de la fin.

D'autres ne voient rien au-dessus du *Domine, non sum
dignus*. Comme on entend bien, en effet, dans les solos de
ténor et de soprano, les deux cris d'une âme partagée entre
le sentiment de son indignité et le désir de s'approcher
de son Dieu !

Nous n'avons pas qualité pour nous prononcer entre ces
divers jugements. Qu'il nous soit seulement permis de
dire merci à M. Rochas, le brillant organiste de Saint-
Pierre, et à M. Châtelet, le zélé directeur de la Maîtrise,
pour ce véritable festin musical, l'un des meilleurs aux-
quels nous ayons assisté.


# VII


On se demandait, après ces délicieuses harmonies, si
la messe de clôture du lendemain, vendredi, n'offrirait
pas un intérêt médiocre ; mais on comptait sans MM. Heckmann et Dupuis, deux artistes chalonnais qui se com-
prennent et font parler, l'un à son orgue et l'autre à son
violoncelle, un langage qu'on ne se lasserait point d'écouter.

M. Dupuis, après vous avoir élevé aux plus hautes
sphères de l'inspiration musicale, a de ces notes finales
qui laissent l'âme comme suspendue et font rêver du ciel.
Quelqu'un disait en sortant de la cérémonie : « Cet homme

« n'a pas cinq doigts, mais cinq esprits au bout de la
« main. »

Le morceau d'Offertoire est de la composition de
M. Dupuis. Le style en est ample et distingué sans recher-
che ; l'auteur a fréquenté les maîtres et s'est nourri de
leurs chefs-d'œuvre.


# VIII


Le R. P. Jouin, trois cents ans après la mort de sainte
Thérèse, a su tirer de la vie de son héroïne des enseigne-
ments remplis d'actualité.

Le premier jour, il nous l'a montrée dans les trois
degrés du sacrifice *involontaire, volontaire et désiré.*

Le second jour, il lui a appliqué les trois caractères
qui, d'après saint Thomas, font le *Docteur :* c'est-à-dire
l'esprit de *tradition*, d'*invention* et d'*intuition.*

Le troisième et dernier jour, il l'a proposée comme
modèle du dévouement *aux âmes, à son pays et à l'Eglise.*

Tandis qu'il parlait du dévouement à la patrie, les
accents de voix du R. P. trahissaient les déchirements de
son cœur. Lui qui, aumônier volontaire pendant cette
guerre de trop durable et néfaste mémoire, a été blessé
deux fois pour son pays, décoré par le gouvernement de
son pays, se voit maintenant, par une étrange et doulou-
reuse inconséquence, persécuté et bientôt peut-être chassé
de son pays. Toutes ces tristesses, ressenties aujourd'hui
ou pressenties pour demain, ne l'ont pas empêché de
s'écrier avec saint Augustin : *Après l'amour de Dieu,
le plus saint amour est celui de la patrie.*

Le talent oratoire du R. P. Jouin a laissé la meilleure

impression dans le clergé chalonnais, qui se pressait, au grand complet, autour de sa chaire, et chez les nombreux prêtres venus de toutes les parties du diocèse, sur l'invitation de M. l'abbé Gardette, aumônier des Carmélites, pour prendre part aux solennités et aux grâces du Centenaire.

Les reliques de sainte Thérèse, richement enchâssées et exposées depuis le commencement de la neuvaine sur un trône en bronze doré, étaient présentées, chaque soir du *Triduum*, à la vénération des fidèles. Le dernier soir, après la bénédiction du Très-Saint-Sacrement, la fanfare des Frères a exécuté un morceau de circonstance et toutes les voix se sont unies pour chanter un *Te Deum* bien motivé d'actions de grâces.


## IX


Une médaille commémorative a été frappée pour perpétuer le souvenir de toutes ces bonnes et belles fêtes. D'un côté est représentée la très sainte Vierge entre saint Joseph et saint Jean de la Croix, avec cette inscription de nos saints Livres que nous avons déjà citée : *Decor Carmeli.* De l'autre côté, sainte Thérèse est couronnée par la Reine de tous les saints. On lit autour du trône le nom de *Thérèse de Jésus d'Avila* et la date du troisième centenaire : *15 octobre 1882.*

Un autre souvenir plus intime a été distribué à quelques privilégiés. C'est un recueil de douze sonnets relatifs à la vie de sainte Thérèse et imprimés sur papier de luxe. Les enluminures qui ornent la couverture de ce petit et tout gracieux livret sont dues à la main discrète des Carmélites, et aussi variées que le nombre des exemplaires.

Fleurs, figurines, dorures, lettres et dessins, tout est d'une charmante délicatesse. L'auteur des sonnets a voulu rester inconnu. Il se dit *dévot de sainte Thérèse*. Respectons sa modestie et ne cherchons pas trop son nom.

Nous citons la première de ces pieuses poésies. Elle est précédée de la photographie d'un tableau représentant Thérèse d'Avila, encore enfant, tenant son petit frère par la main et le conduisant chez les Maures. Le site est désert; deux anges volent au-dessus d'eux tenant chacun une palme :

> Pour céder aux élans de son cœur généreux
> Térèse n'attend pas le nombre des années.
> Admirez votre sœur, âmes prédestinées ,
> Dont le printemps hâtif promet des fruits nombreux.
>
> Chez le Maure elle fuit, ô jour trois fois heureux !
> La couronne est là-bas ! — Landes abandonnées,
> Vous semblez à l'enfant les routes fortunées
> Qui doivent la mener à des tourments affreux.
>
> Sur les âmes déjà s'exerçant à l'empire ,
> Elle gagne son frère à la soif du martyre ;
> Il court à ses côtés, partageant ses ardeurs.
>
> Mais qu'elle est encor loin l'heure du sacrifice !
> Térèse de Jésus versera bien des pleurs
> Avant que d'ici-bas le triste exil finisse.

## X

Il est encore une autre fête dont nous n'avons rien dit, plus belle et plus douce que celle que nous venons de décrire. Les anges seuls en ont été les fidèles témoins : c'est la fête toute mystique qui s'est passée derrière les grilles du cloître, dans le cœur des filles de sainte Thérèse. Que de prières ces saintes âmes ont dû faire monter à Dieu pour nous ! La ferveur renouvelée de toutes ces oraisons n'est-elle pas un de nos plus sûrs motifs de confiance au milieu des inquiétudes qui nous oppressent et des dangers qui nous menacent ?

Monseigneur Freppel, dans la lettre pastorale qu'il a adressée aux Carmélites de son diocèse, développe admirablement cette pensée :

« Vous êtes là, mes chères filles, leur dit-il, au milieu
« du monde, comme une éloquente protestation contre
« les théories matérialistes qui tendent à rabaisser la
« grande famille humaine, comme un rappel incessant à
« la vie intérieure, aux choses de l'âme, à tout ce qu'il y
« a de plus profond et de plus élevé dans la doctrine et
« la sainteté. Par vos prières, comme par vos austérités,
« vous appelez la protection divine sur l'Eglise et sur la
« France. Vos monastères sont autant de forteresses spiri-
« tuelles au pied desquelles viennent se briser les efforts
« de l'ennemi de tout bien. Pendant ces jours qui vont
« remplir nos âmes d'une douce et sainte allégresse, vous
« redoublerez de supplications pour recommander à Dieu
« les intérêts de la religion et de la patrie. Anges de la
« terre, vous ferez monter nos vœux vers le ciel, et la
« fête que nous allons célébrer en l'honneur de sainte
« Thérèse va devenir pour tous une source de grâces et
« de bénédictions. »

—

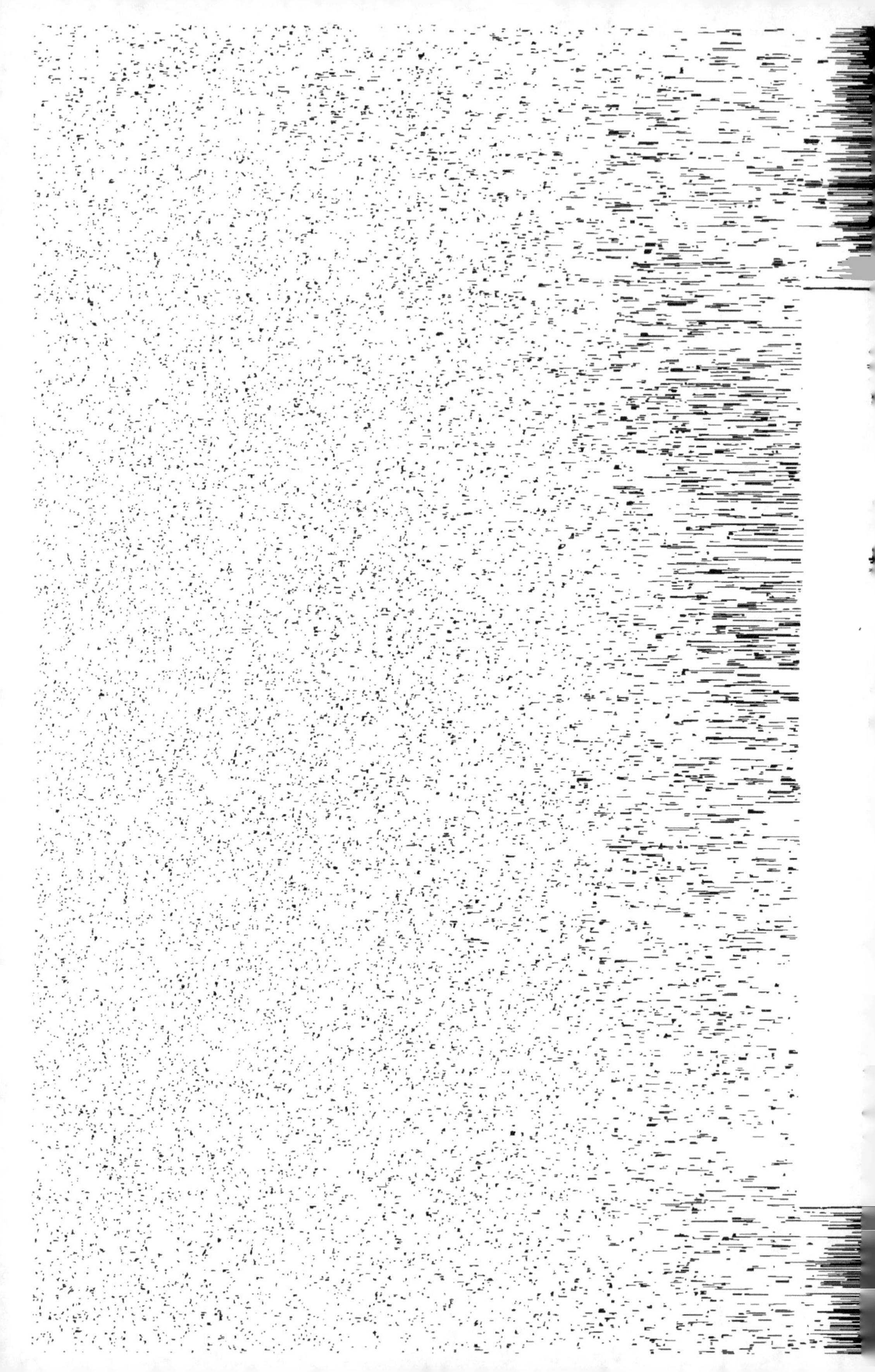